AF206755

Impressum
Verlag: BABADADA GmbH, Nedderfeld 112 , 22529 Hamburg
Geschäftsführer / Verlagsleitung: Harald Hof
Druck: Books on Demand GmbH, In de Tarpen 42, 22848 Norderstedt

Imprint
Publisher: BABADADA GmbH, Nedderfeld 112 , 22529 Hamburg, Germany
Managing Director / Publishing direction: Harald Hof
Print: Books on Demand GmbH, In de Tarpen 42, 22848 Norderstedt

məktəb

colegio

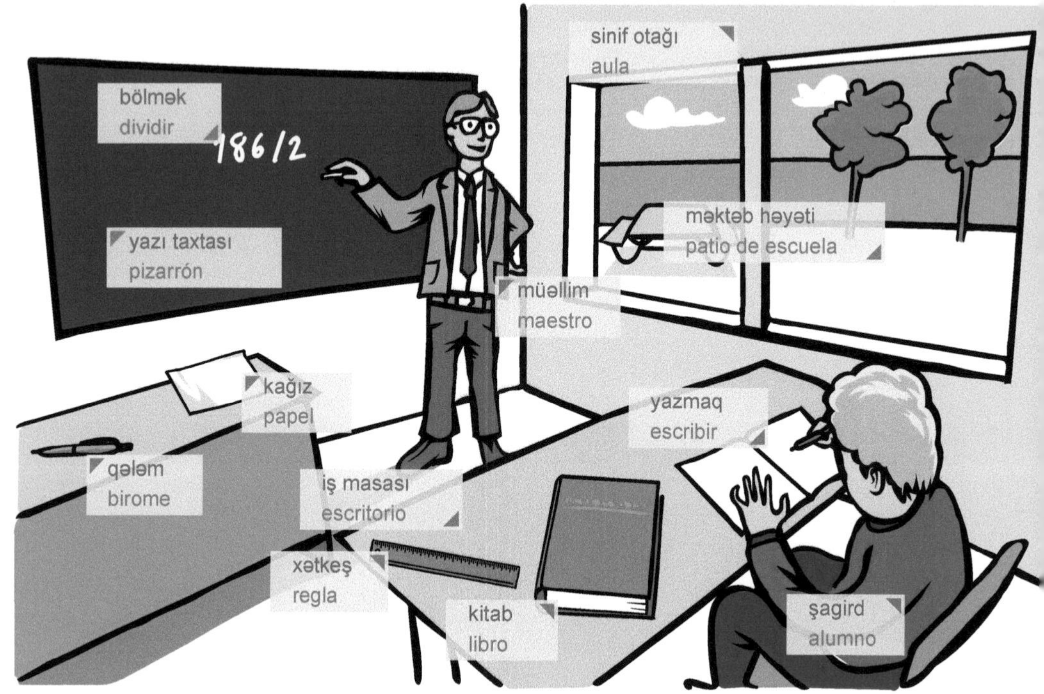

sinif otağı
aula
bölmək
dividir
186/2
yazı taxtası
pizarrón
məktəb həyəti
patio de escuela
müəllim
maestro
kağız
papel
yazmaq
escribir
qələm
birome
iş masası
escritorio
xətkeş
regla
kitab
libro
şagird
alumno

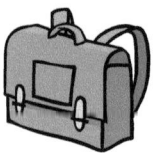

məktəbli çantası

mochila

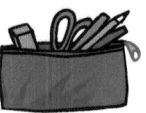

karandaş qabı

caja de lápices

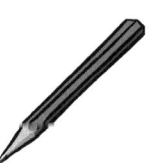

karandaş

lápiz

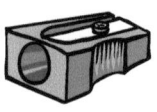

karandaş yonan

sacapuntas

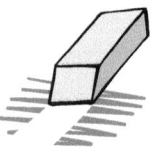

pozan

goma (de borrar)

rəsm albomu

bloc de dibujo

rəsm
dibujo

boya fırçası
pincel

boya qutusu
caja de pinturas

qayçı
tijera

yapışdırıcı
pegamento

dəftər
cuaderno de ejercicios

ev tapşırığı
tarea

12

say
número

2+2

əlavə etmək
sumar

5-2

çıxmaq
restar

2×2

vurmaq
multiplicar

hesablamaq
calcular

A

hərf
letra

ABCDEFG
HIJKLMN
OPQRSTU
VWXYZ

əlifba
abecedario

söz
palabra

mətn
texto

oxumaq
leer

tabaşir
tiza

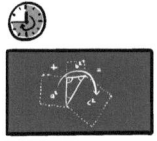

dərs
lección

sinif jurnalı
cuaderno de clase

imtahan
examen

təhsil haqqında sənəd
certificado

məktəb uniforması
uniforme escolar

təhsil
educación

ensiklopediya
enciclopedia

universitet
universidad

mikroskop
microscopio

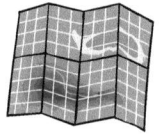

xəritə
mapa

zibil qutusu
tacho (de basura)

4

səyahət
viaje

mehmanxana
hotel
Grand
yataqxana
hostel
ROOMS
EXCHANGE
valyuta mübadiləsi məntəqəsi
casa de cambio
çamadan
valija
avtomobil
auto

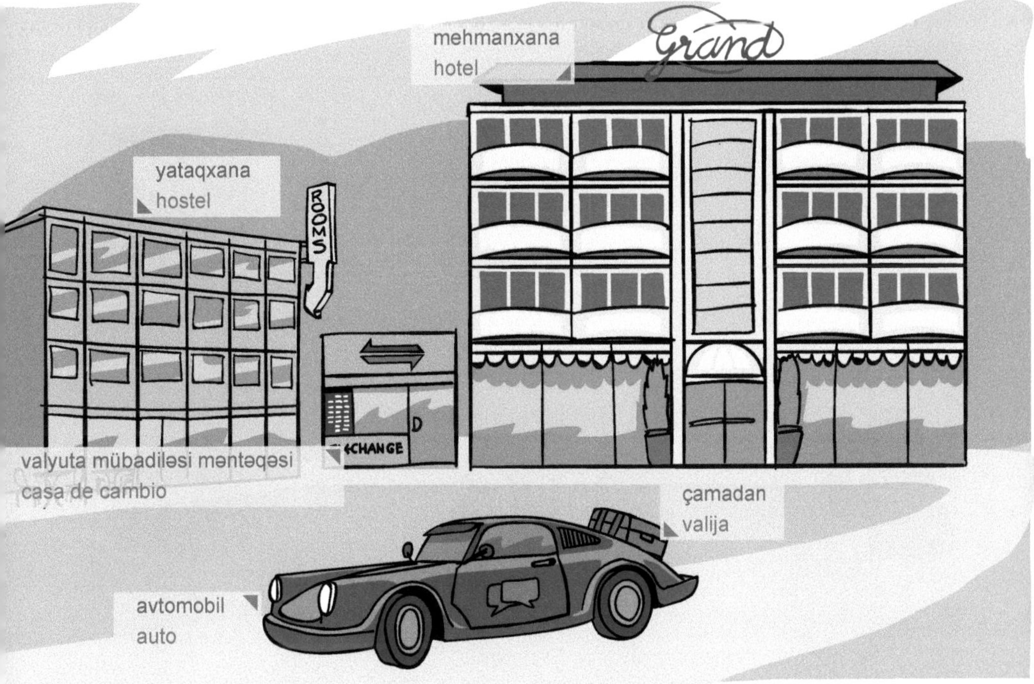

dil

idioma

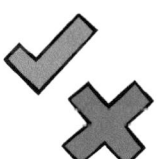

bəli/xeyr

sí / no

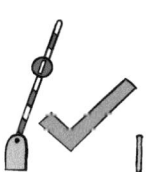

oldu

Está bien

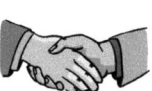

salam

hola

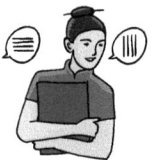

tərcüməçi

traductor

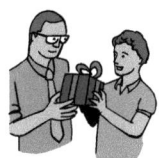

Təşəkkür edirəm

Gracias

giyməti nə qədərdir ...?

¿cuánto cuesta...?

mən başa düşmürəm

No entiendo

problem

problema

Axşamınız xeyir!

¡Buenas tardes!

Sabahınız xeyir!

¡Buenos días!

Gecəniz xeyrə galsin!

¡Buenas noches!

hələlik

adiós

istiqamət

dirección

baqaj

equipaje

torba

bolso

kürək çantası

mochila

qonaq

invitado

otaq

habitación

yataq-çuval

bolsa de dormir

çadır

carpa

turistlər üçün məlumat

información turística

çimərlik

playa

krcdit kartı

tarjeta de crédito

səhər yeməyi

desayuno

günorta yeməyi

almuerzo

nahar yeməyi

cena

bilet

pasaje

lift

ascensor

poçt markası

sello

sərhəd

frontera

gömrük

aduana

səfirlik

embajada

viza

visa

pasport

pasaporte

nəqliyyat
transporte

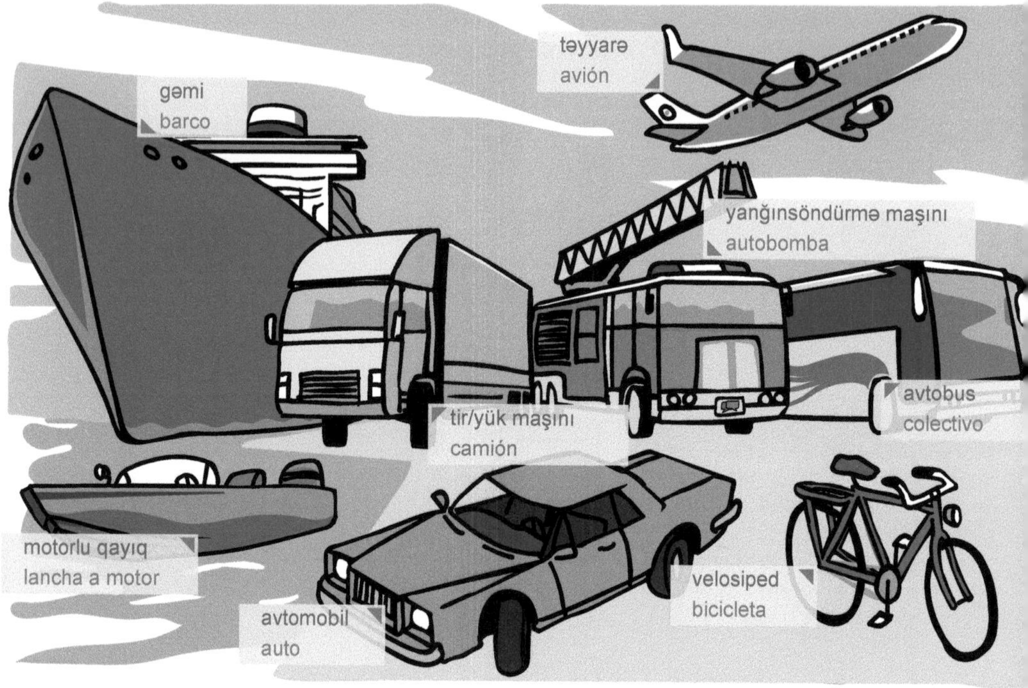

təyyarə
avión
gəmi
barco
yanğınsöndürmə maşını
autobomba
avtobus
colectivo
tir/yük maşını
camión
motorlu qayıq
lancha a motor
velosiped
bicicleta
avtomobil
auto

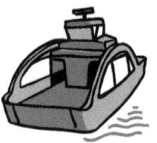

bərə

ferry

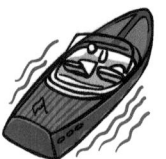

qayıq

bote

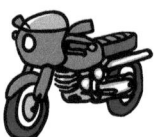

motosiklet

moto

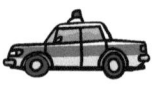

polis avtomobili

patrullero

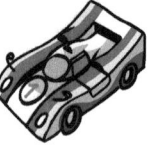

yarış avtomobili

auto de carreras

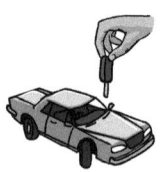

icarə avtomobili

auto de alquiler

avtomobil icarəsi

alquiler de autos

texniki yardım maşını

grúa

zibil maşını

camión de basura

mühərrik

motor

yanacaq

nafta

benzin doldurma məntəqəsi

estación de servicio

yol nişanı

señal de tránsito

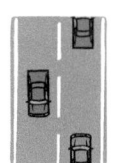

yol hərəkəti

tránsito

tıxac

embotellamiento

avtomobil dayanacağı

estacionamiento

dəmir yolu stansiyası

estación de tren

dəmiryol

vías

qatar

tren

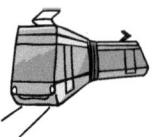

tramvay

tranvía

vaqon

vagón

helikopter

helicóptero

hava limanı

aeropuerto

qüllə

torre

sərnişin

pasajero

konteyner

contenedor

karton qutu

caja de cartón

əl arabası

carretilla

səbət

canasta

qalxmaq / enmək

despegar / aterrizar

şəhər

ciudad

kənd

pueblo

şəhər mərkəzi

centro de ciudad

ev

casa

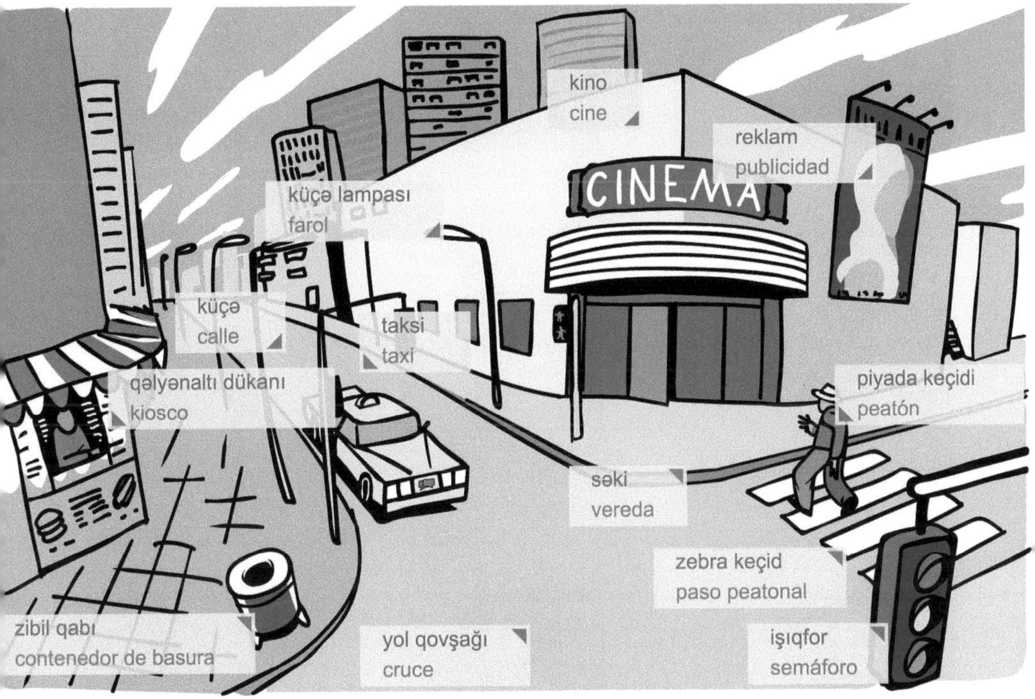

kino
cine

reklam
publicidad

küçə lampası
farol

CINEMA

küçə
calle

taksi
taxi

qəlyənaltı dükanı
kiosco

piyada keçidi
peatón

səki
vereda

zebra keçid
paso peatonal

zibil qabı
contenedor de basura

yol qovşağı
cruce

işıqfor
semáforo

daxma
cabaña

mənzil
departamento

dəmir yolu stansiyası
estación de tren

bələdiyyə binası
municipalidad

muzey
museo

məktəb
colegio

şəhər - ciudad

11

universitet

universidad

bank

banco

xəstəxana

hospital

mehmanxana

hotel

aptek

farmacia

ofis

oficina

kitab dükkanı

librería

dükan

negocio

çiçək dükanı

florería

supermarket

supermercado

bazar

mercado

univermaq

grandes tiendas

balıq satıcısı

pescadería

ticarət mərkəzi

centro comercial

liman

puerto

park

parque

oturacaq

banco

körpü

puente

pilləkən

escaleras

metro

subte

tunel

túnel

avtobus dayanacağı

parada del colectivo

bar

bar

restoran

restaurante

poçt qutusu

buzón

küçə nişanı

letrero

parkinq sayğacı

parquímetro

zoopark

zoológico

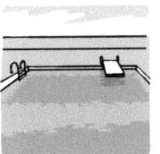

üzgüçülük hovuzu

pileta

məscid

mezquita

ferma

granja

ətraf mühitin çirklənməsi

contaminación

məzarlıq

cementerio

kilsə

iglesia

oyun meydançası

juegos infantiles

məbəd

templo

mənzərə

paisaje

yarpaq
hoja

yol nişanı
poste indicador

yol
camino

çəmən
pradera

daş
piedra

piyada səyyah
excursionista

ağac
árbol

çay
río

ot
hierba

gül
flor

vadi

valle

təpə

montaña

göl

lago

meşə

bosque

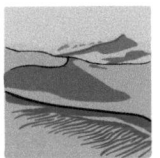

səhra

desierto

vulkan

volcán

qəsr

castillo

göy qurşağı

arco iris

göbələk

champiñón

palma

palmera

ağcaqanad

mosquito

milçək

mosca

qarışqa

hormiga

arı

abeja

hörümçək

araña

böcək

escarabajo

qurbağa

rana

dələ

ardilla

kirpi

erizo

dovşan

liebre

bayquş

lechuza

quş

pájaro

qu quşu

cisne

qaban

jabalí

maral

ciervo

sığın

alce

su bəndi

presa

külək turbini

aerogenerador

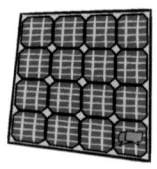

günəş batareyası

panel solar

iqlim

clima

restoran
restaurante

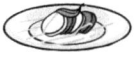

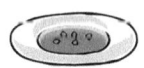

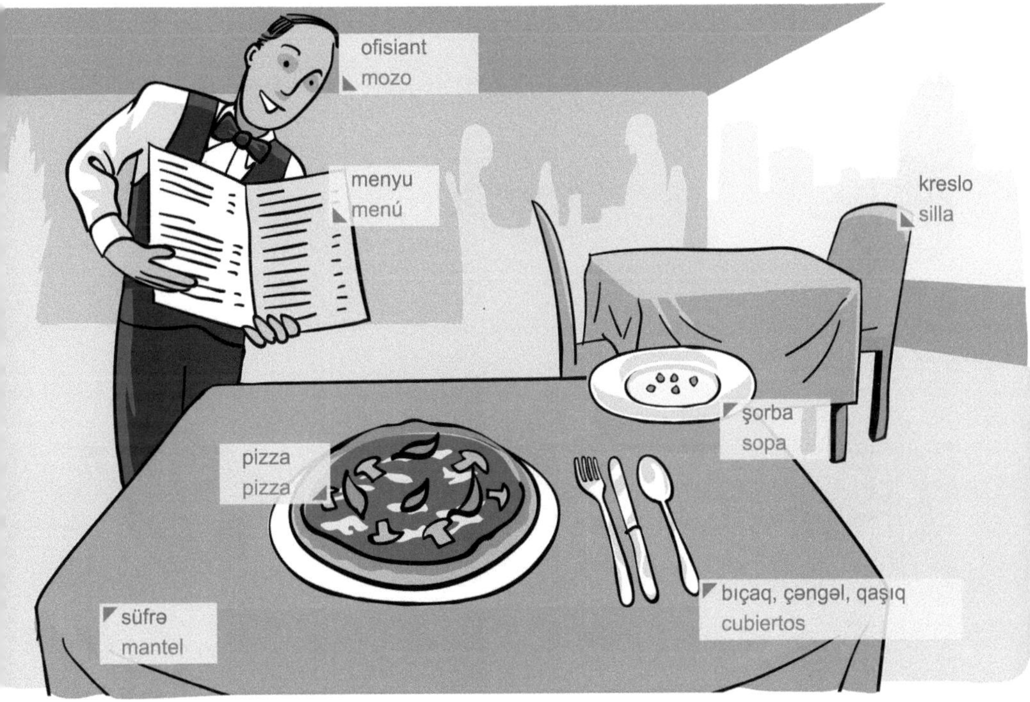

ofisiant
mozo
menyu
menú
kreslo
silla
şorba
sopa
pizza
pizza
bıçaq, çəngəl, qaşıq
cubiertos
süfrə
mantel

məzə

entrada

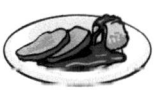

əsas yemək

plato principal

desert

postre

içkilər

bebidas

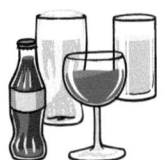

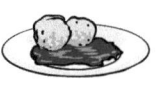

yemək

comida

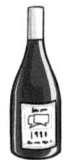

şüşə

botella

fast food

comida rápida

küçə yeməkləri

comida callejera

çaynik

tetera

qəndqabı

azucarera

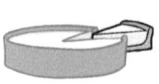

pay

porción

espresso maşını

cafetera expreso

hündür uşaq kreslosu

sillita alta

faktura

cuenta

nimçə

bandeja

bıçaq

cuchillo

çəngəl

tenedor

qaşıq

cuchara

çay qaşığı

cucharita

salfet

servilleta

şüşə

vaso

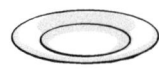

boşqab

plato

şorba boşqabı

plato hondo

nəlbəki

plato

sous

salsa

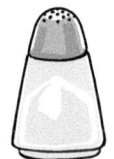

duz qabı

salero

biberüyüdən

molinillo de pimienta

sirkə

vinagre

duru yağ

aceite

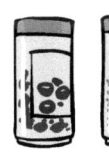

ədviyyat

especias

ketçup

kétchup

xardal

mostaza

mayonez

mayonesa

supermarket
supermercado

xüsusi təklif
oferta especial
FOR
müştəri
cliente
süd məhsulları
lácteos
meyvə
fruta
alış-veriş arabası
changuito

BUTCHERS

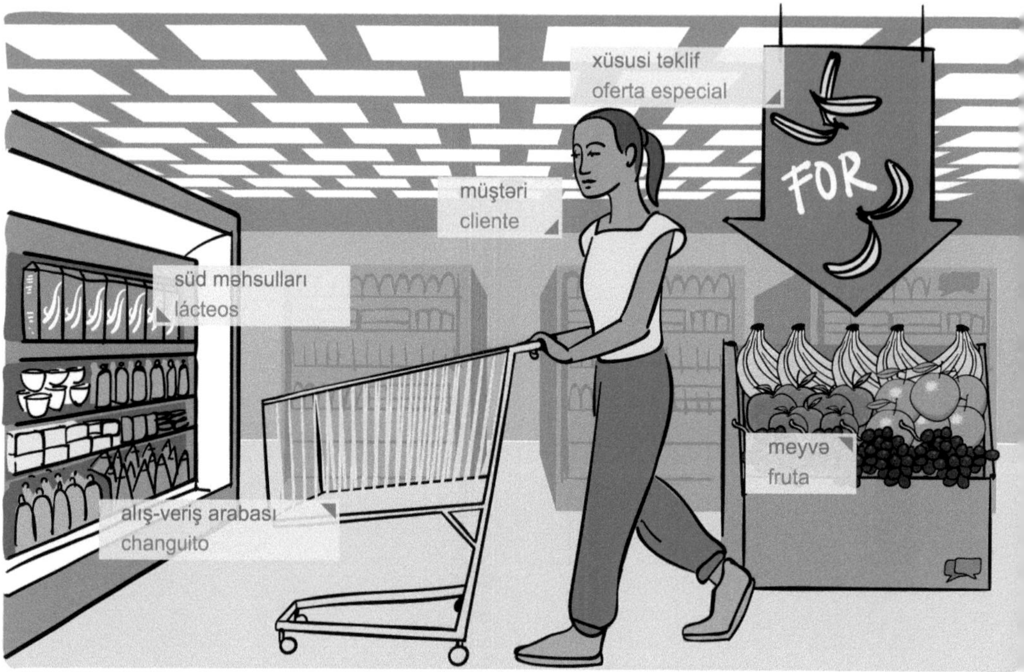

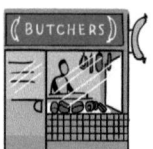

qəssab dükanı

carnicería

BAKERY

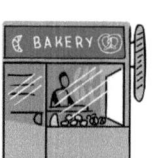

çörəkçi

panadería

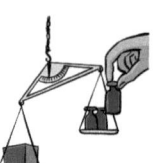

çəkmək

pesar

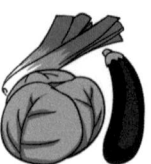

tərəvəz

verduras

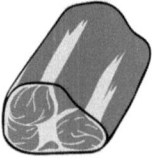

ət

carne

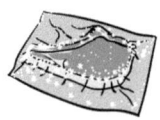

dondurulmuş qida

alimentos congelados

soyuq ət yeməyi

fiambres

konservləşdirilmiş qida

alimentos enlatados

yuyucu toz

detergente en polvo

şirniyyat

golosinas

təsərrüfat malları

electrodomésticos

yuyucu vasitələr

productos de limpieza

satıcı

vendedora

kassa

caja

kassir

cajero

alış-veriş siyahısı

lista de compras

iş saatları

horario de atención

pul kisəsi

billetera

kredit kartı

tarjeta de crédito

torba

cartera

plastik torba

bolsa de plástico

su
....
agua

şirə
....
jugo

süd
....
leche

cola
....
bebida cola

şərab
....
vino

pivə
....
cerveza

alkoqollu içkilər
....
alcohol

kakao
....
cacao

çay
....
té

qəhvə
....
café

espresso
....
café expreso

kapuçino
....
cappuccino

banan

banana

alma

manzana

portağal

naranja

yemiş

melón

limon

limón

yerkökü

zanahoria

sarımsaq

ajo

bambuq

bambú

soğan

cebolla

göbələk

champiñón

qoz-fındıq

nueces

əriştə

fideos

spagetti

tallarines

düyü

arroz

salat

ensalada

cips

papas fritas

qızardılmış kartof

papas fritas

pizza

pizza

hamburger

hamburguesa

sandviç

sándwich

eskalop

churrasco

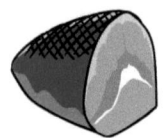

hisə verilmiş donuz əti

jamón

salyami

salame

kolbasa

salchicha

toyuq

pollo

qızardılmış ət tikəsi

asado

balıq

pescado

yemək - comida

yulaf yarması

copos de avena

müsli

muesli

partlaq qarğıdalı

copos de maíz

un

harina

kruassan

medialuna

bulka

pancito

çörək

pan

tost

tostada

peçenye

galletitas

kərə yağı

manteca

kəsmik

cuajada

tort

torta

yumurta

huevo

qayğanaq

huevo frito

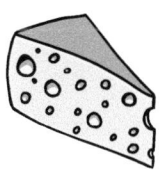

pendir

queso

dondurma

helado

şəkər

azúcar

bal

miel

mürəbbə

mermelada

şokolad pastası

pasta de chocolate

köri

curry

yemək - comida

ferma
granja

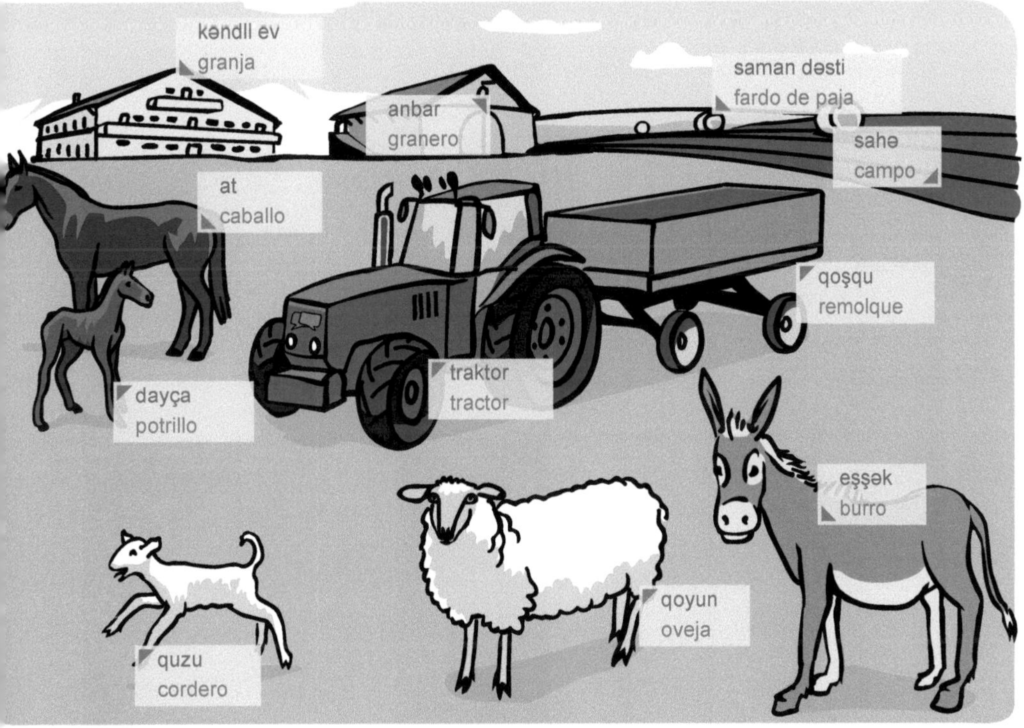
kəndll ev
granja
anbar
granero
saman dəsti
fardo de paja
sahə
campo
at
caballo
qoşqu
remolque
traktor
tractor
dayça
potrillo
eşşək
burro
qoyun
oveja
quzu
cordero

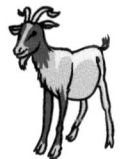

keçi

cabra

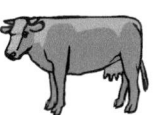

inək

vaca

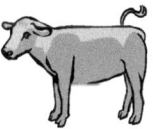

dana

ternero

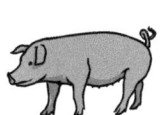

donuz

cerdo

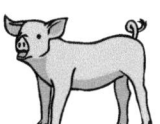

donuz balası

lechón

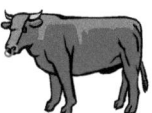

öküz

toro

qaz

ganso

ördək

pato

cücə

pollo

toyuq

gallina

xoruz

gallo

siçovul

rata

pişik

gato

siçan

ratón

öküz

buey

it

perro

itdamı

cucha

bağ şlanqı

manguera

susəpən

regadera

dəryaz

guadaña

kotan

arado

oraq
hoz

kətman
azada

yaba
horquilla

balta
hacha

əl arabası
carretilla

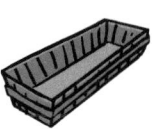

çalov
abrevadero

süd bidonu
lechera

çuval
bolsa

çəpər
reja

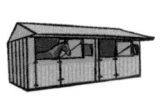

tövlə
establo

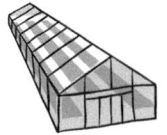

istixana
invernadero

torpaq
suelo

toxum
semilla

gübrə
fertilizador

taxılbiçən kombayn
cosechadora

məhsul yığmaq

cosechar

məhsul yığımı

cosecha

yam

batatas

buğda

trigo

soya

soja

kartof

papa

dən

maíz

raps

semilla de colza

meyvə ağacı

árbol frutal

maniok

mandioca

yarma

cereales

baca
chimenea

dam
techo

drenaj borusu
caño de desagüe

pəncərə
ventana

qaraj
garaje

qapı zəngi
timbre

qapı
puerta

zibil vedrəsi
tacho de basura

poçt qutusu
buzón

bağ
jardín

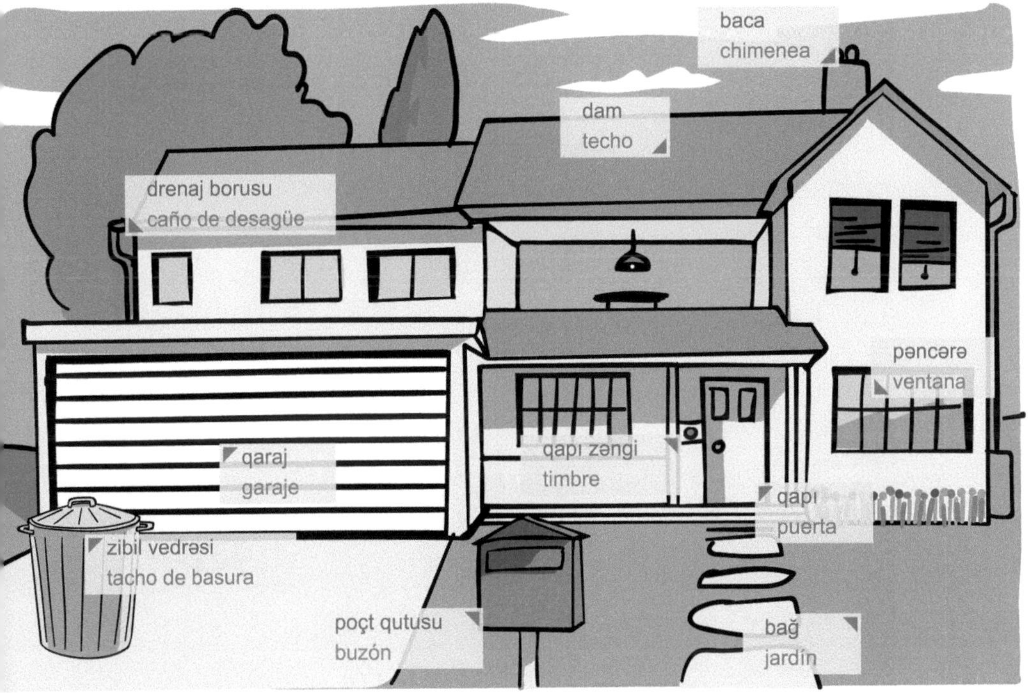

qonaq otağı

living

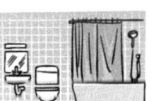

hamam otağı

baño

mətbəx

cocina

yataq otağı

dormitorio

uşaq otaqı

cuarto de los chicos

yemək otağı

comedor

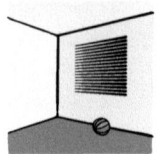

döşəmə

piso

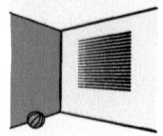

divar

pared

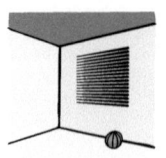

tavan

cielorraso

zirzəmi

sótano

sauna

sauna

balkon

balcón

terras

terraza

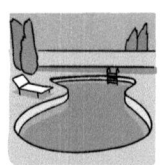

üzgüçülük hovuzu

pileta

otbiçən maşın

cortadora de pasto

mələfə

sábana

yataq örtüyü

acolchado

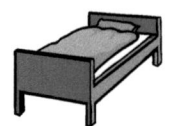

yataq

cama

süpürgə

escoba

vedrə

balde

elektrik açarı

interruptor

qonaq otağı
living

divar kağızı
empapelado
şəkil
imagen
lampa
lámpara
rəf
estante
şkaf
armario
televiziya
televisión
buxarı
chimenea
gül
flor
yastıq
almohadón
divan
sofá
vaza
florero
uzaqdan idarəetmə
control remoto

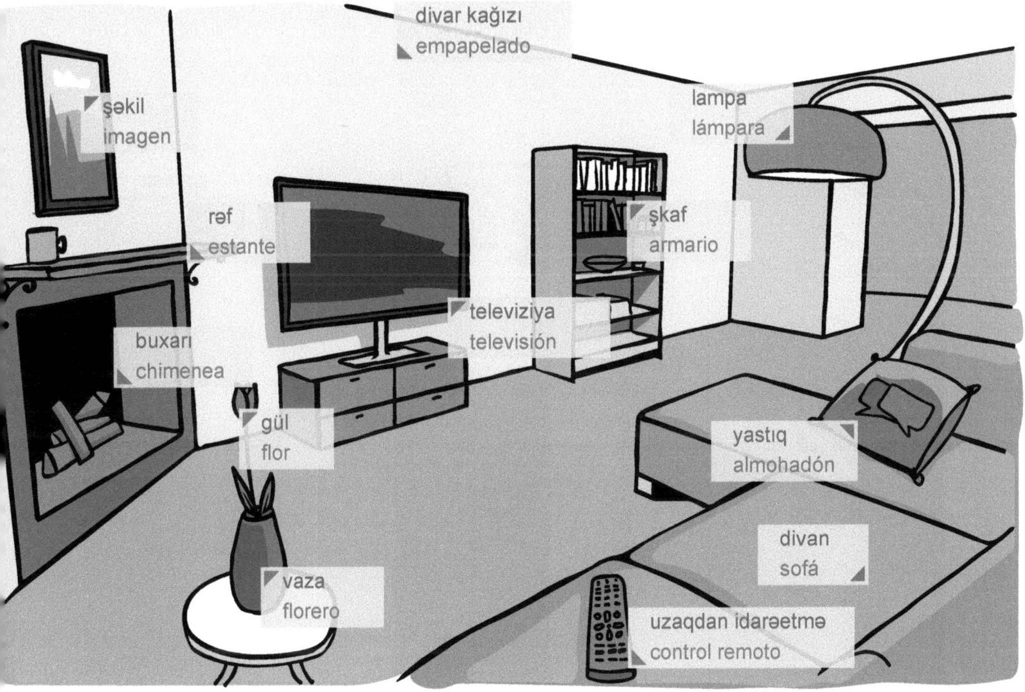

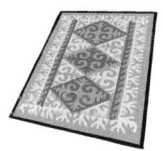

xalça
alfombra

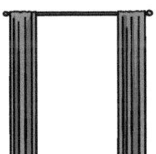

pərdə
cortina

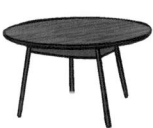

masa
mesa

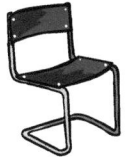

kreslo
silla

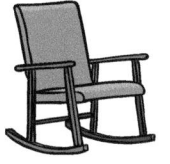

yırğalanan stul
mecedora

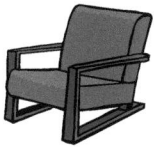

kreslo
sillón

kitab

libro

yorğan

frazada

bəzək

decoración

odun

leña

film

película

stereo səs sistemi

equipo de música

açar

llave

qəzet

diario

rəsm əsəri

pintura

plakat

póster

radio

radio

bloknot

cuaderno

tozsoran

aspiradora

kaktus

cactus

şam

vela

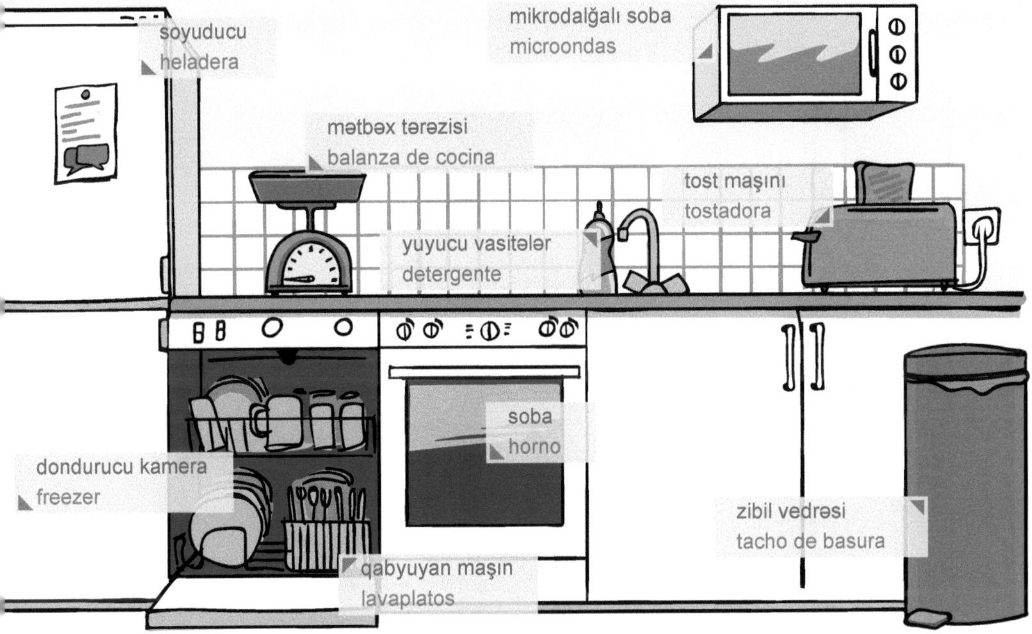

soyuducu
heladera

mikrodalğalı soba
microondas

mətbəx tərəzisi
balanza de cocina

tost maşını
tostadora

yuyucu vasitələr
detergente

soba
horno

dondurucu kamera
freezer

zibil vedrəsi
tacho de basura

qabyuyan maşın
lavaplatos

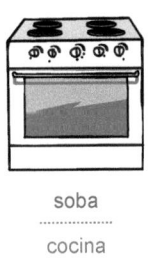

soba

....

cocina

qazan

....

olla

çuqun qazan

....

olla de hierro fundido

vok / kadai

....

wok

tava

....

sartén

çaydan

....

pava

buxar qazanı

vaporera

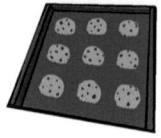

sac

bandeja de horno

qab

vajilla

fincan

taza

ləyən

bol

yemək üçün çubuqlar

palitos

çömçə

cucharón

spatula

estpátula

çırpıcı

batidora

süzgəc

colador

ələk

colador

sürtgəc

rallador

həvəngdəstə

mortero

barbekyu

parrilla

ocaq

fogata

doğrama taxtası

tabla de picar

oxlov

palo de amasar

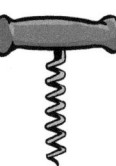

probkaçıxaran

sacacorchos

banka

lata

bankaağzıaçan

abrelatas

qabtutan

manopla

əl üz yuyan

pileta

fırça

cepillo

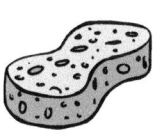

süngər

esponja

blender

batidora

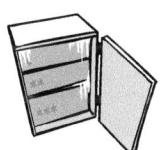

dondurucu

congelador

körpə şüşəsi

mamadera

kran

canilla

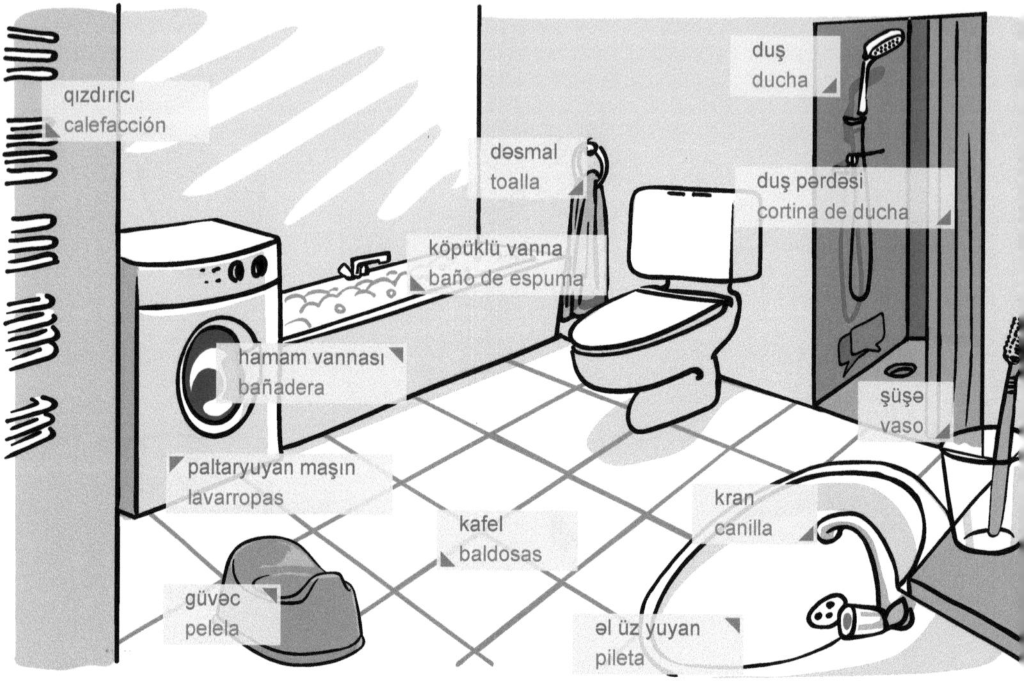

qızdırıcı
calefacción

duş
ducha

dəsmal
toalla

duş pərdəsi
cortina de ducha

köpüklü vanna
baño de espuma

hamam vannası
bañadera

şüşə
vaso

paltaryuyan maşın
lavarropas

kran
canilla

kafel
baldosas

güvəc
pelela

əl üz yuyan
pileta

tualet
inodoro

çömbəlmə tualet
letrina

bide
bidé

urinal
mingitorio

tualet kağızı
papel higiénico

tualet fırçası
cepillo para el inodoro

diş fırçası

cepillo de dientes

diş pastası

dentífrico

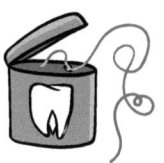

diş ipi

hilo dental

yumaq

lavar

əl duşu

ducha de mano

intim duş

ducha higiénica

taz

palangana

bel fırçası

cepillo para espalda

sabun

jabón

duş üçün gel

gel de ducha

şampun

shampoo

əsgi

toallita

drenaj

desagüe

krem

crema

dezodorant

desodorante

güzgü

espejo

əl güzgüsü

espejito

ülgüc

maquinita de afeitar

üz qırxmaq üçün köpük

espuma de afeitar

təraşdan sonra su

aftershave

daraq

peine

fırça

cepillo

fen

secador de pelo

saç spreyi

spray

makiyaj

maquillaje

dodaq boyası

lápiz de labios

dırnaq lakı

esmalte para uñas

pambıq

algodón

dırnaq qayçısı

tijera para uñas

ətir

perfume

gigiyenik torba

portacosméticos

kətil

banqueta

tərəzi

balanza

hamam xalatı

bata

rezin əlcək

guantes de goma

tampon

tampón

gigiyenik salfet

toallita femenina

kimyəvi tualet

baño químico

uşaq otaqı
cuarto de los chicos

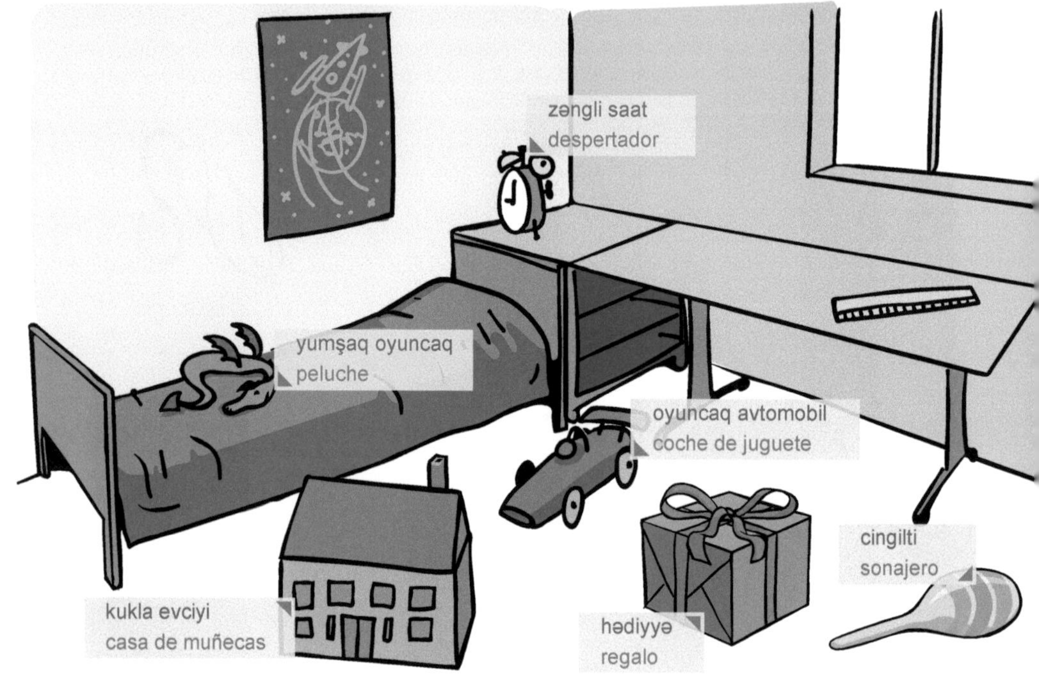

zəngli saat
despertador
yumşaq oyuncaq
peluche
oyuncaq avtomobil
coche de juguete
cingilti
sonajero
kukla evciyi
casa de muñecas
hədiyyə
regalo

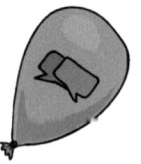

balon

globo

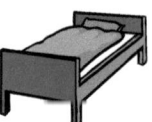

yataq

cama

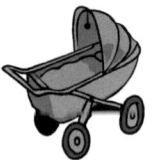

uşaq arabası

cochecito

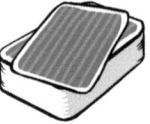

kart dəsti

cartas

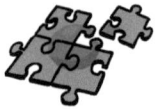

elektrik mişarı

rompecabezas

SUPER
MEGA

komik

historieta

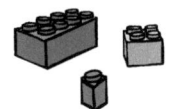

lcqo kərpici

piezas de lego

konstruktor blokları

ladrillos de juguete

oyuncaq-personaj

figura de acción

yeni doğulmuş körpələr
üçün geyimi

enterito (de bebé)

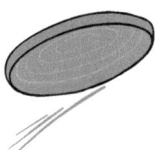

frisbi

frisbee

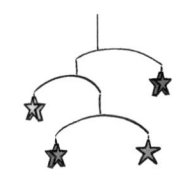

yataq üstünə asılan körpə
oyuncağı

móvil para bebés

masaüstü oyun

juego de mesa

zər

dados

oyuncaq qatar

tren eléctrico

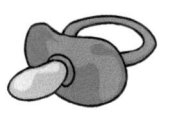

emzik

chupete

qonaqlıq

fiesta

rəsmli kitab

libro de cuentos ilustrado

top

pelota

kukla

muñeca

oynamaq

jugar

qum qutusu

arenero

yelləncək

hamaca

oyuncaqlar

juguetes

video oyun konsolu

consola de videojuegos

üç təkərli velosiped

triciclo

plüşdən hazırlanmış
oyuncaq ayı

osito de peluche

şkaf

armario

geyim

ropa

corab

medias

corab

medias panty

kalqotka

calzas

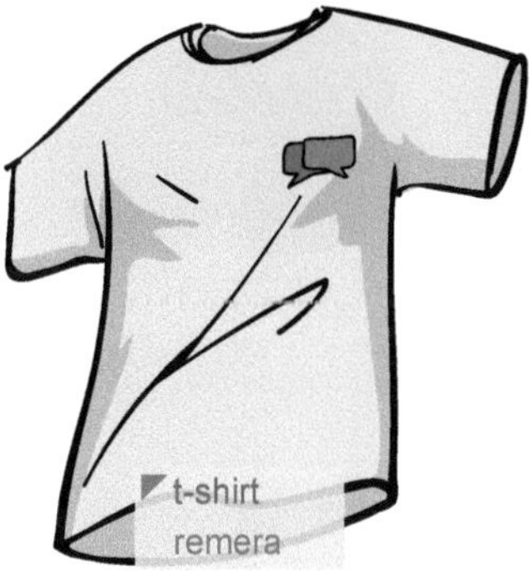

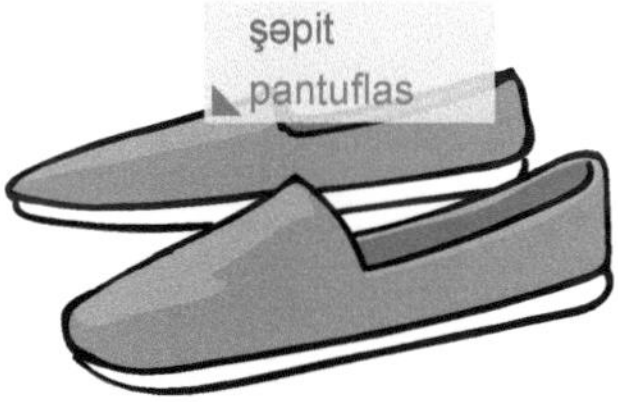

kaşne
bufanda

çətir
paraguas

t-shirt
remera

kəmər
cinturón

şəpit
pantuflas

çəkmə
botas

idman ayaqqabısı
zapatillas

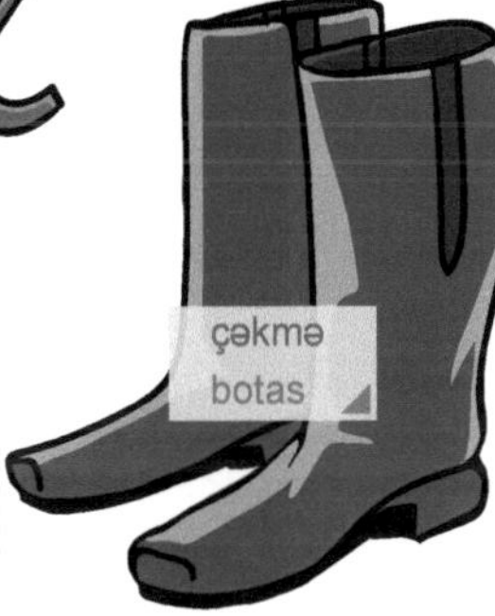

sandallar
sandalias

ayaqqabı
zapatos

rezin çəkmələr
botas de goma

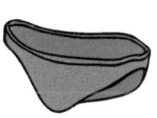

dizlik
ropa interior

lifçik
corpiño

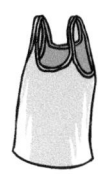

alt köynəyi
chaleco

alt paltarı

body

şalvar

pantalones

cins

jeans

yubka

pollera

bluza

blusa

köynək

camisa

sviter

pulóver

başlıqlı idman gödəkçəsi

buzo

gödəkçə

blazer

gödəkcə

campera

pencək

tapado

plaş

piloto

kostyum

traje

paltar

vestido

gəlin paltarı

vestido de novia

kostyum

traje

gecə köynəyi

camisón

pijama

pijama

sari

sari

hicab / eşarp

pañuelo para cabeza

çalma

turbante

burka

burka

kaftan

caftán

abaya

abaya

çimərlik geyimi

traje de baño

tumuş

short de baño

şort

shorts

məşq kostyumu

jogging

önlük

delantal

əlcək

guantes

düymə

botón

eynək

anteojos

bilərzik

pulsera

boyunbağı

collar

üzük

anillo

sırğa

aro

papaq

gorra

asılqan

percha

papaq

sombrero

qalstuk

corbata

zəncirbənd

cierre

dəbilqə

casco

aşırma

tiradores

məktəb uniforması

uniforme escolar

uniforma

uniforme

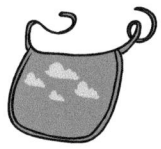

döşlük

babero

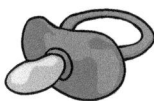

emzik

chupete

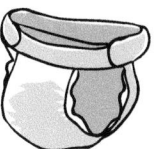

körpə bezi

pañal

ofis

oficina

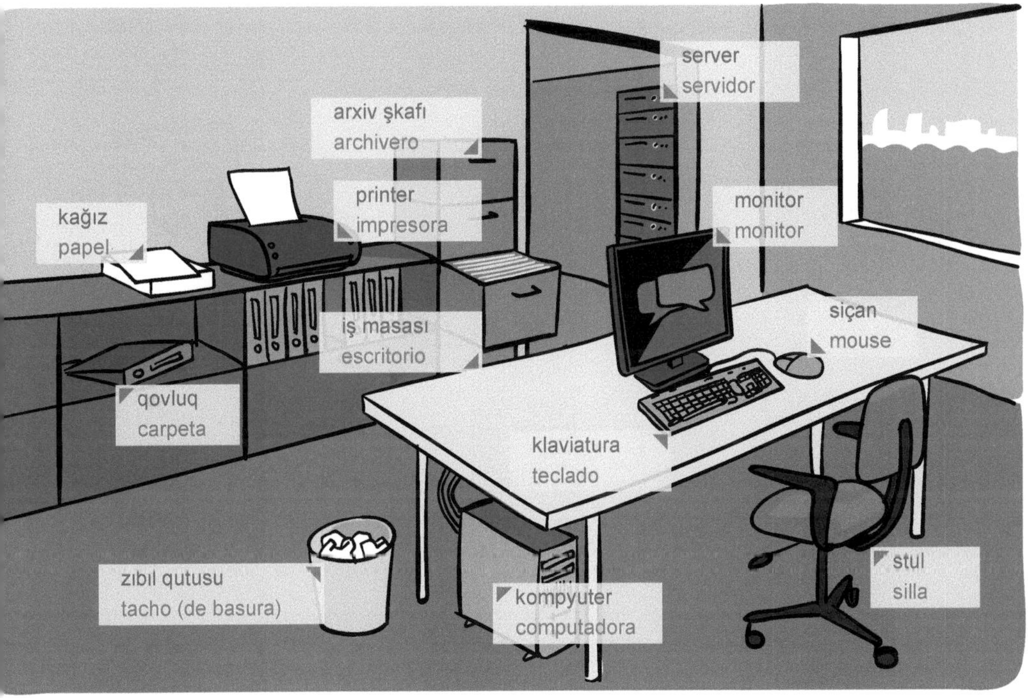
server
servidor
arxiv şkafı
archivero
kağız
papel
printer
impresora
monitor
monitor
siçan
mouse
iş masası
escritorio
qovluq
carpeta
klaviatura
teclado
zıbıl qutusu
tacho (de basura)
kompyuter
computadora
stul
silla

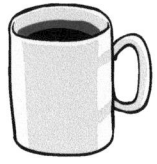

qəhvə fincanı

taza de café

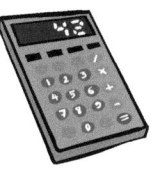

kalkulyator

calculadora

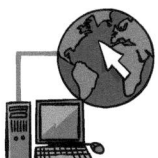

internet

internet

laptop
laptop

məktub
carta

mesaj
mensaje

mobil telefon
celular

şəbəkə
red

surətçıxaran maşın
fotocopiadora

proqram təminatı
software

telefon
teléfono

ştepsel
tomacorriente

faks
fax

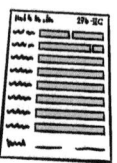

forma
formulario

sənəd
documento

satın almaq

comprar

ödəmək

pagar

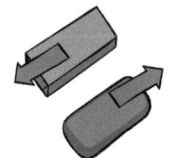

alverlə məşğul olmaq

hacer negocios

pul

dinero

dollar

dólar

avro

euro

yen

yen

rubl

rublo

frank

franco suizo

renminbi yuan

yuan

rupi

rupia

bankomat

cajero automático

valyuta mübadiləsi
məntəqəsi
....
casa de cambio

qızıl
....
oro

gümüş
....
plata

neft
....
petróleo

enerji
....
energía

qiymət
....
precio

müqavilə
....
contrato

vergi
....
impuesto

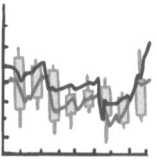

səhm
....
acción

işləmək
....
trabajar

işçi
....
empleado

işəgötürən
....
empleador

fabrik
....
fábrica

dükan
....
negocio

peşə
ocupaciones

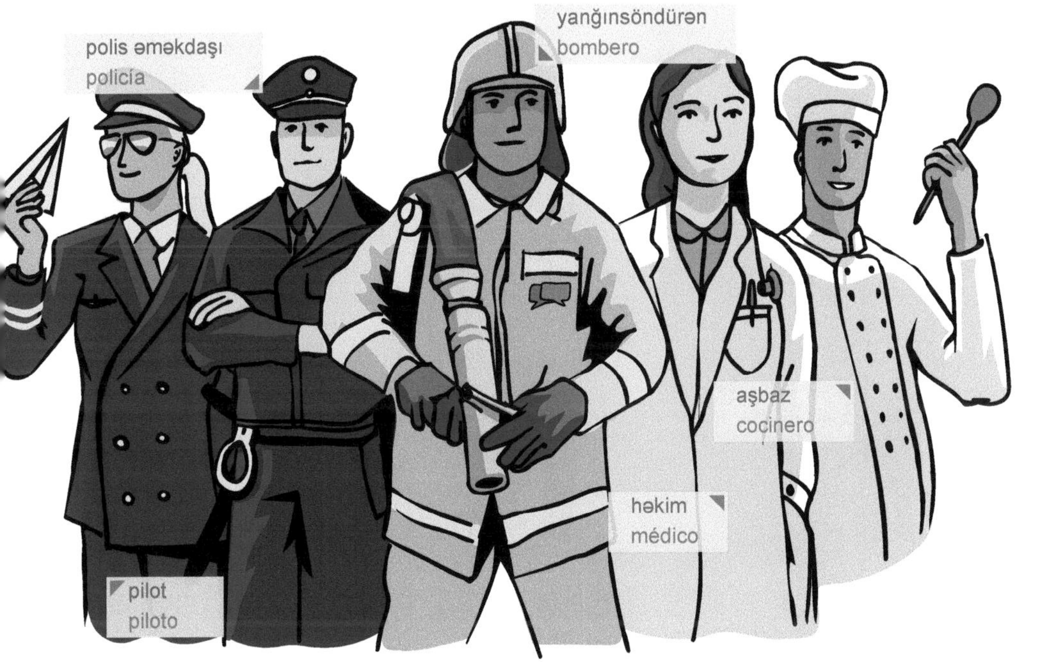

polis əməkdaşı
policía
yanğınsöndürən
bombero
aşbaz
cocinero
həkim
médico
pilot
piloto

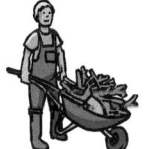

bağban

jardinero

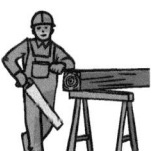

dülgər

carpintero

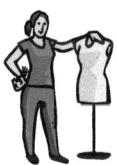

dərzi

modista

hakim

juez

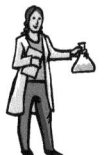

kimyaçı

farmacéutico

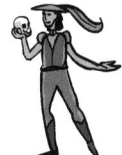

aktyor

actor

avtobus sürücüsü

colectivero

taksi sürücüsü

taxista

balıqçı

pescador

xadimə

mucama

dam işçisi

techista

ofisiant

mozo

ovçu

cazador

rəssam

pintor

çörəkçi

panadero

elektrik ustası

electricista

inşaat işçisi

albañil

mühəndis

ingeniero

qəssab

carnicero

santexnik

plomero

poçtalyon

cartero

əsgər

soldado

memar

arquitecto

kassir

cajero

gül-çiçək satıcısı

florista

bərbər

peluquero

konduktor

cobrador

mexanik

mecánico

kapitan

capitán

diş həkimi

dentista

alim

científico

ravvin

rabino

imam

imán

rahib

monje

keşiş

sacerdote

alətlər
herramientas

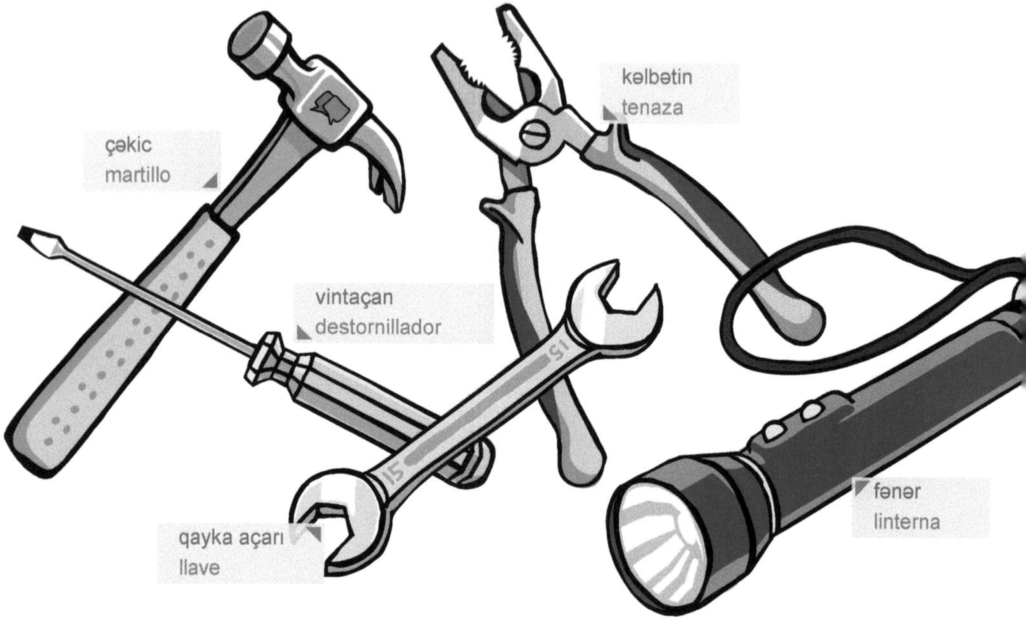

çəkic
martillo
kəlbətin
tenaza
vintaçan
destornillador
qayka açarı
llave
fənər
linterna

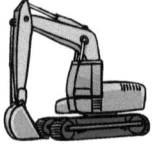

ekskavator

excavadora

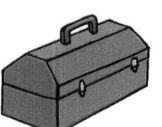

alətlər qutusu

caja de herramientas

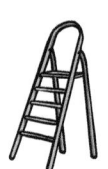

nərdivan

escalera portátil

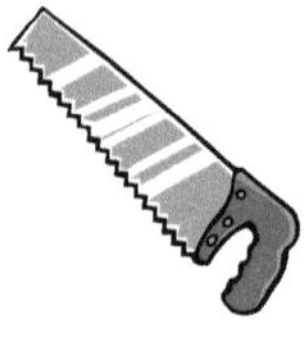

mişar

sierra

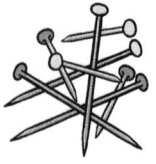

dırnaqlar

clavos

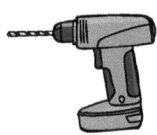

drel

taladro

təmir etmək

arreglar

kürək

pala de jardín

Lənət olsun!

¡Qué bronca!

xəkəndaz

pala de plástico

boya vedrəsi

tacho de pintura

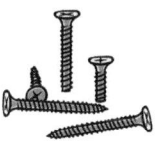

vintlər

tornillos

musiqi alətləri
instrumentos musicales

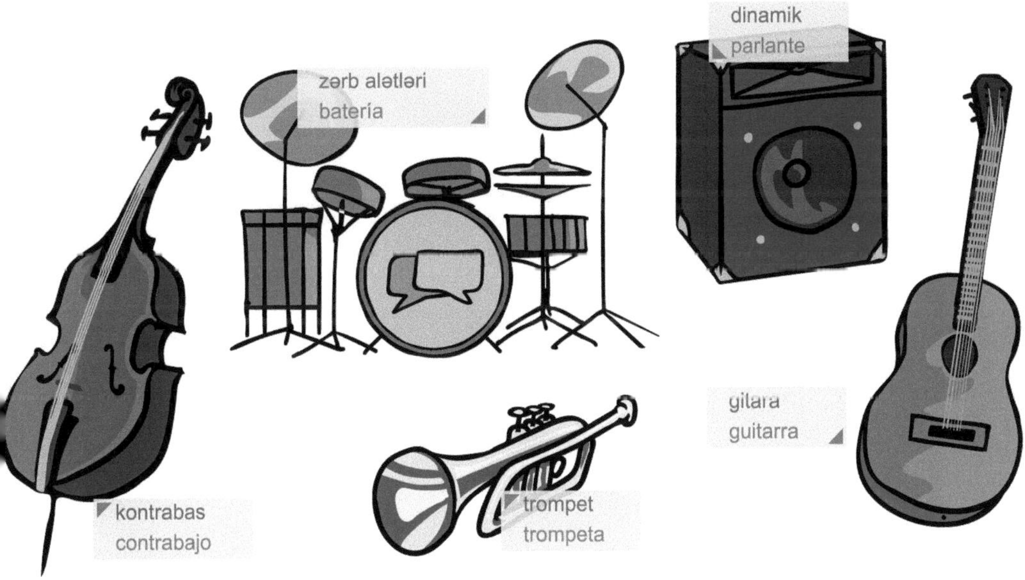

zərb alətləri
batería

dinamik
parlante

gitara
guitarra

kontrabas
contrabajo

trompet
trompeta

fortepiano

piano

skripka

violín

bas

bajo

timpani

timbales

nağara

tambor

sintezator

teclado

saksafon

saxofón

fleyta

flauta

mikrofon

micrófono

zoopark
zoológico

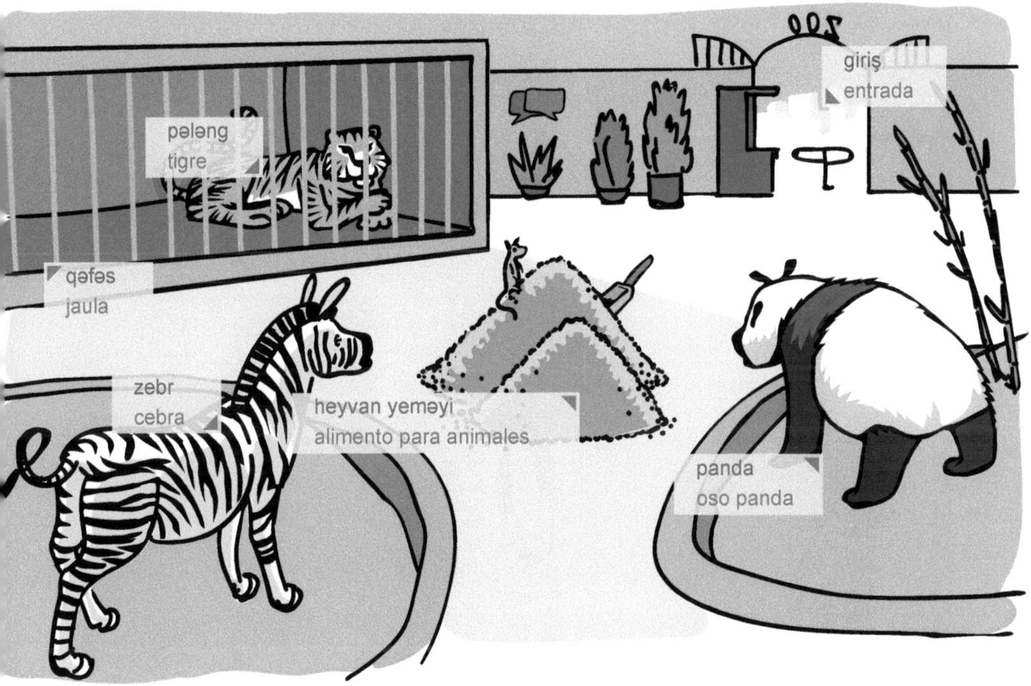
zoo
giriş
entrada
pələng
tigre
qəfəs
jaula
zebr
cebra
heyvan yeməyi
alimento para animales
panda
oso panda

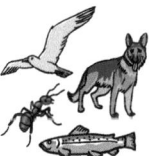

heyvanlar

animales

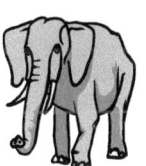

fil

elefante

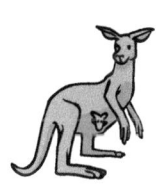

kenquru

canguro

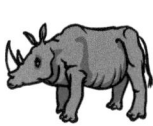

kərgədan

rinoceronte

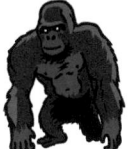

qorilla

gorila

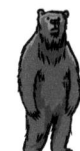

ayı

oso

dəvə

camello

dəvəquşu

avestruz

aslan

león

meymun

mono

flamingo

flamenco

tutuquşu

loro

qütb ayısı

oso polar

pinqvin

pingüino

köpəkbalığı

tiburón

tovuz

pavo real

ilan

serpiente

timsah

cocodrilo

zoopark işçisi

cuidador del zoológico

suiti

foca

yaquar

jaguar

poni
poni

bəbir
leopardo

hippopotam
hipopótamo

zürafə
jirafa

qartal
águila

qaban
jabalí

balıq
pescado

tısbağa
tortuga

morj
morsa

tülkü
zorro

ceyran
gacela

idman
deportes

amerikan futbolu
fútbol americano

velosiped sürmək
ciclismo

tennis
tenis

basketbol
básquet

üzgüçülük
natación

buz xokkeyi
hockey sobre hielo

boks
boxeo

futbol
·················
fútbol

badminton
·················
bádminton

yüngül atletika
·················
atletismo

həndbol
·················
handball

xizək
·················
esquí

polo
·················
polo

gülmək
reir

tullanmaq
saltar

qucaqlaşmaq
abrazar

getmək
caminar

oxumaq
cantar

yuxu görmək
soñar

dua etmək
rezar

öpüşmək
besar

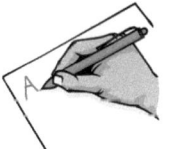

yazmaq

escribir

çəkmək

dibujar

göstərmək

mostrar

itələmək

presionar

vermək

dar

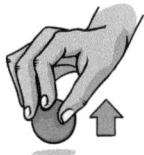

götürmək

tomar

sahibi olmaq

tener

durmaq

estar parado

etmək

hacer

olmaq

ser

qaçmaq

correr

çəkmək

tirar

atmaq

tirar

düşmək

caer

uzanmaq

estar acostado

gözləmək

esperar

daşımaq

llevar

oturmaq

estar sentado

geyinmək

vestirse

yatmaq

dormir

ayılmaq

despertar

baxmaq

mirar

ağlamaq

llorar

sığallamaq

acariciar

daramaq

peinar

danışmaq

hablar

anlamaq

entender

soruşmaq

preguntar

dinləmək

escuchar

içmək

beber

yemək

comer

təmizləmək

ordenar

sevmək

amar

bişirmək

cocinar

sürmək

manejar

uçmaq

volar

üzmək

navegar

hesablamaq

calcular

oxumaq

leer

öyrənmək

aprender

işləmək

trabajar

evlənmək

casarse

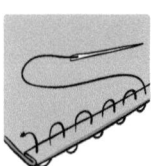

tikmək

coser

dişləri təmizləmək

cepillarse los dientes

öldürmək

matar

siqaret çəkmək

fumar

göndərmək

enviar

nənə
abuela

baba
abuelo

ata
padre

ana
madre

körpə
bebé

qız
hija

oğul
hijo

qonaq

invitado

xala/bibi

tía

əmi/dayı

tío

qardaş

hermano

bacı

hermana

bədən

cuerpo

alın
frente
göz
ojo
çiyin
hombro
barmaq
dedo
üz
cara
buxaq
pera
əl
mano
ayaq
pierna
döş
pecho
qol
brazo

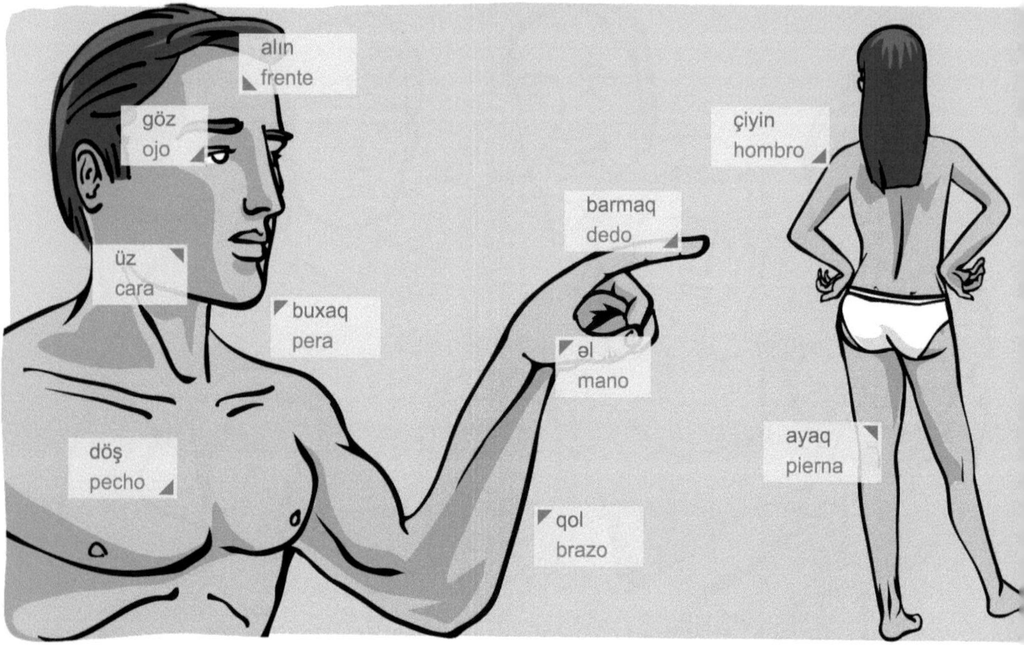

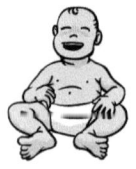

körpə

bebé

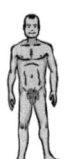

kişi

hombre

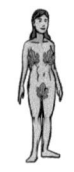

qadın

mujer

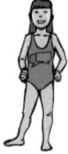

qız

nena

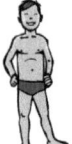

oğlan

nene

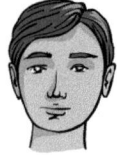

baş

cabeza

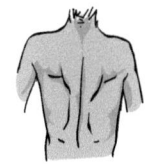

bel

espalda

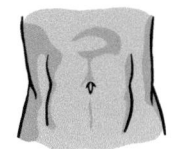

qarın

panza

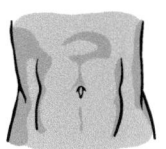

göbək

ombligo

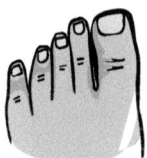

ayaq barmağı

dedo del pie

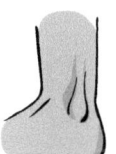

daban

talón

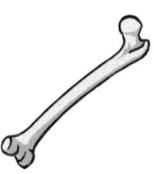

sümük

hueso

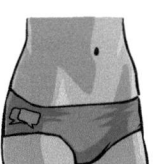

bud

cadera

diz

rodilla

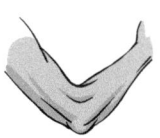

dirsək

codo

burun

nariz

sağrı

cola

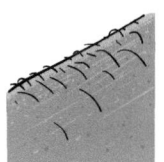

dəri

piel

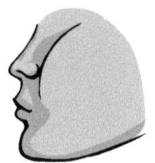

yanaq

cachete

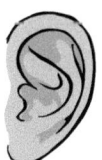

qulaq

oreja

dodaq

labio

bədən - cuerpo

ağız

boca

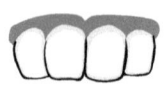

diş

diente

dil

lengua

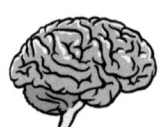

beyin

cerebro

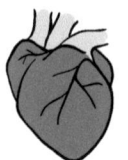

ürək

corazón

əzələ

músculo

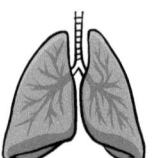

ağciyər

pulmón

qaraciyər

hígado

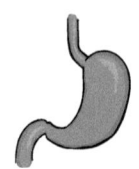

mədə

estómago

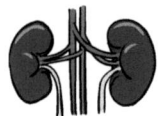

böyrəklər

riñones

cinsi yaxınlıq

sexo

kondom

preservativo

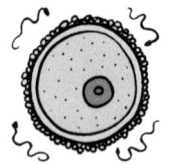

qadın cinsi hüceyrə

óvulo

sperma

semen

hamiləlik

embarazo

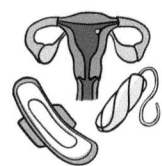

aybaşı

menstruación

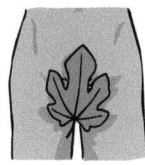

vagina

vagina

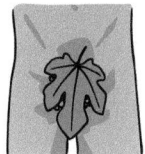

penis

pene

qaş

ceja

saç

pelo

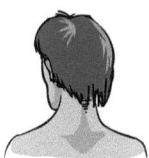

boyun

cuello

xəstəxana
hospital

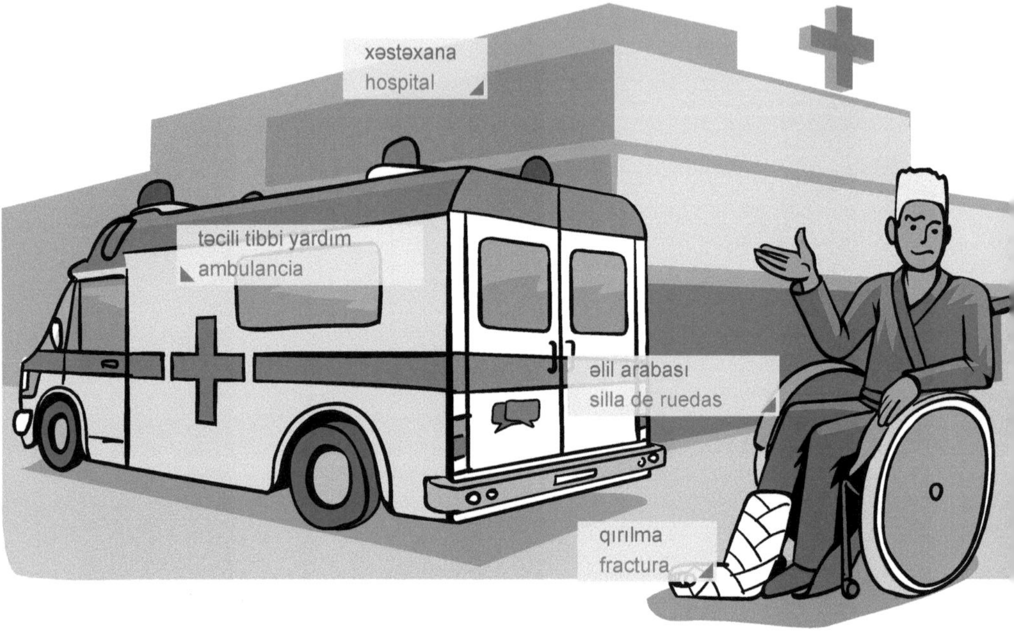

xəstəxana
hospital
təcili tibbi yardım
ambulancia
əlil arabası
silla de ruedas
qırılma
fractura

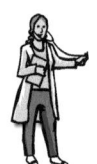

həkim

médico

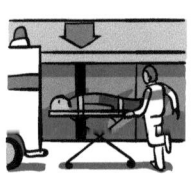

reanimasiya şöbəsi

sala de guardia

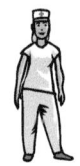

tibb bacısı

enfermera

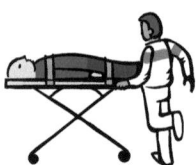

fövqəladə hallar

emergencia

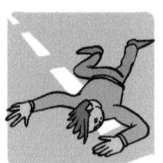

huşunu itirmiş

inconsciente

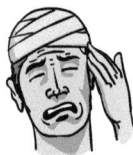

ağrı

dolor

zədə

lesión

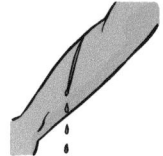

qanaxma

hemorragia

infarkt

infarto

insult

ACV

allergiya

alergia

öskürək

tos

qızdırma

fiebre

qrip

gripe

ishal

diarrea

başağrısı

dolor de cabeza

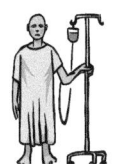

xərçəng

cáncer

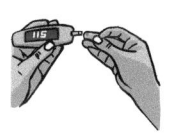

şəkərli diabet

diabetes

cərrah

cirujano

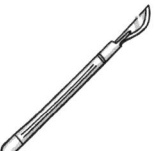

neştər

bisturí

əməliyyat

operación

CT
TC

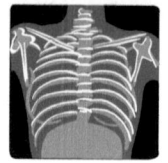

rentgen
rayos x

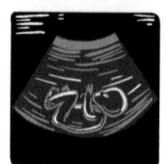

ultrasəs
ecografía

maska
barbijo

xəstəlik
enfermedad

gözləmə otağı
sala de espera

qoltuqağacı
muleta

plaster
curita

sarğı
venda

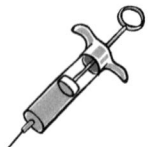

inyeksiya
inyección

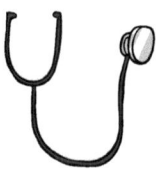

steteskop
estetoscopio

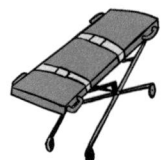

xərək
camilla

hərarətölçən
termómetro

doğum
nacimiento

çəki artıqlığı
sobrepeso

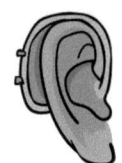

eşitmə aparatı

audífono

dezinfeksiyaedici

desinfectante

infeksiya

infección

virus

virus

QİÇS

VIH / SIDA

tibb

remedio

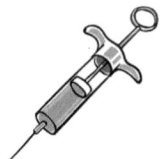

peyvənd

vacunación

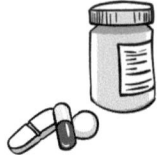

həblər

comprimidos

həb

pastilla anticonceptiva

təcili zəng

llamada de emergencia

qan təzyiqini ölçmək üçün cihaz

tensiómetro

xəstə / sağlam

enfermo / sano

Kömək edin!

¡Ayuda!

həyəcan siqnalı

alarma

basqın

agresión

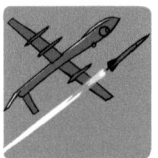

hücum

ataque

təhlükə

peligro

ehtiyat çıxışı

salida de emergencia

Yanğın!

¡Fuego!

odsöndürən

matafuego

qəza

accidente

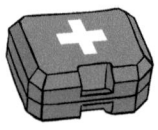

ilkin yardım qutus

botiquín de primeros auxilios

SOS

SOS

polis

policía

Avropa

Europa

Şimali Amerika

América del Norte

Cənubi Amerika

América del Sur

Afrika

África

Asiya

Asia

Avstraliya

Australia

Atlantik

Atlántico

Sakit Okean

Pacífico

Hind okeanı

Océano Índico

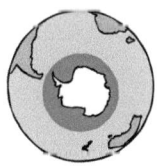

Antarktika Okeanı

Océano Antártico

Şimal Buzlu okeanı

Océano Ártico

Şimal qütbü

polo norte

Cənub qütbü

polo sur

Antarktika

Antártida

Yer kürəsi

Tierra

ölkə

tierra

dəniz

mar

ada

isla

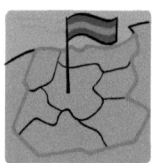

millət

nación

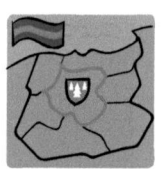

dövlət

estado

siferblat

esfera

saat əqrəbi

manecilla de las horas

dəqiqə əqrəbi

minutero

saniyə əqrəbi

segundero

Saat neçədir?

¿Qué hora es?

gün

día

vaxt

hora

indi

ahora

rəqəmsal saat

reloj digital

dəqiqə

minuto

saat

hora

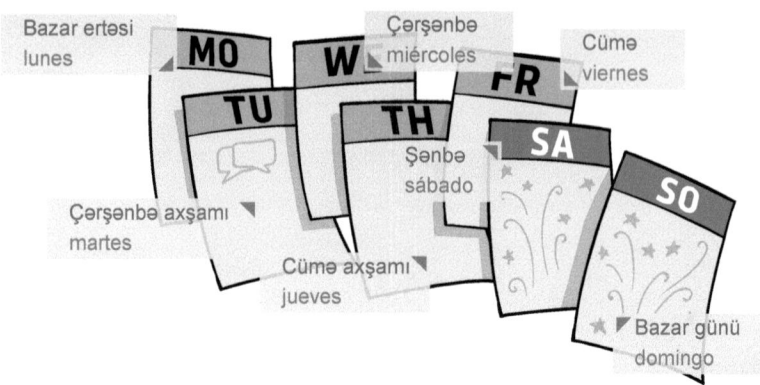

Bazar ertəsi
lunes

Çərşənbə
miércoles

Cümə
viernes

Çərşənbə axşamı
martes

Şənbə
sábado

Cümə axşamı
jueves

Bazar günü
domingo

dünən

ayer

bugün

hoy

sabah

mañana

səhər

mañana

günorta

mediodía

axşam

tarde

iş günü

días hábiles

həftə sonu

fin de semana

il

año

yağış
lluvia
göy qurşağı
arco iris
külək
viento
qar
nieve
yaz
primavera
payız
otoño
yay
verano
qış
invierno

4.APRIL 11°
5.APRIL 4°
6.APRIL 13°
7.APRIL 8°
8.APRIL 10°

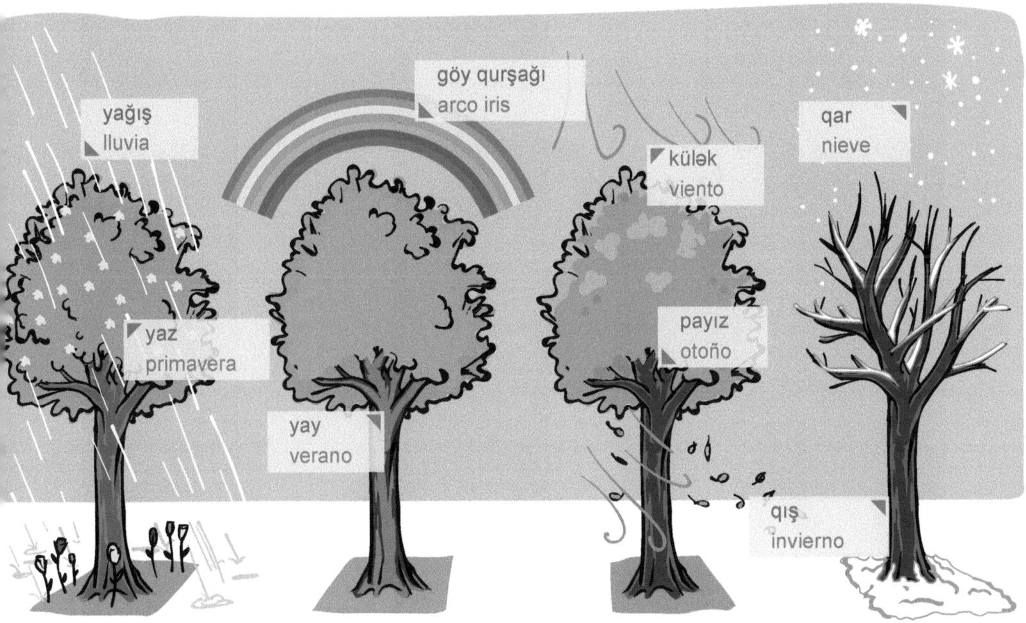

hava proqnozu

pronóstico meteorológico

F C
120 40
90 30
60 20
30 10
0 0
-30 -10
-20

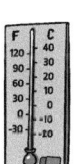

termometr

termómetro

günəş işığı

luz del sol

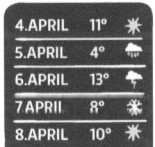

bulud

nube

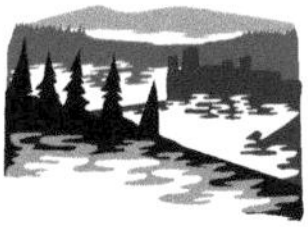

duman

niebla

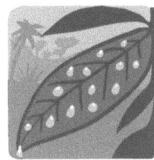

rütubət

humedad

ildırım
rayo

göy gurultusu
trueno

fırtına
tormenta

dolu
granizo

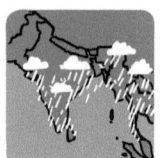

musson
monzón

daşqın
inundación

buz
hielo

yanvar
enero

fevral
febrero

mart
marzo

aprel
abril

may
mayo

iyun
junio

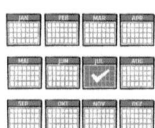

iyul
julio

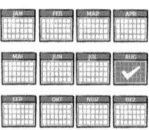

avqust
agosto

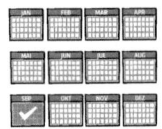

sentyabr

septiembre

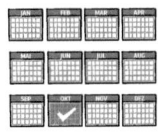

oktyabr

octubre

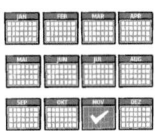

noyabr

noviembre

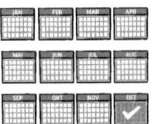

dekabr

diciembre

dairə

círculo

kvadrat

cuadrado

düzbucaqlı

rectángulo

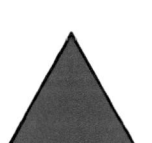

üçbucaq

triángulo

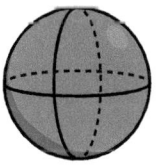

kürə

esfera

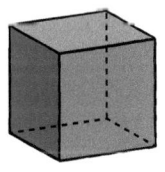

kub

cubo

ağ

blanco

sarı

amarillo

narıncı

naranja

çəhrayı

rosa

qırmızı

rojo

bənövşəyi

violeta

mavi

azul

yaşıl

verde

palıdı

marrón

boz

gris

qara

negro

çox / az

mucho / poco

qeyzli / sakit

enojado / tranquilo

yaraşıqlı / eybəcər

lindo / feo

başlanğıc / son

principio / fin

böyük / kiçik

grande / chico

işıqlı / qaranlıq

claro / oscuro

qardaş / bacı

hermano / hermana

təmiz / kirli

limpio / sucio

tam / natamam

completo / incompleto

gündüz / gecə

día / noche

ölü / diri

muerto / vivo

geniş / dar

ancho / angosto

yemeli / yeyilməyən

comestible / no comestible

hirsli / mehriban

malo / amable

həyəcanlı / bezmiş

entusiasmado / aburrido

kök / arıq

gordo / flaco

ilk / son

primero / último

dost / düşmən

amigo / enemigo

dolu / boş

lleno / vacío

sərt / yumşaq

duro / blando

ağır / yüngül

pesado / liviano

aclıq / susuzluq

hambre / sed

xəstə / sağlam

enfermo / sano

qanunsuz / qanuni

ilegal / legal

ağıllı / axmaq

inteligente / estúpido

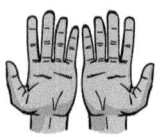

sol / sağ

izquierda / derecha

yaxın / uzaq

cerca / lejos

yeni / istifadə edilmiş

nuevo / usado

heç bir şey / bir şey

nada / algo

qoca / gənc

viejo / joven

açma / bağlama

encendido / apagado

açıq / bağlı

abierto / cerrado

sakit/ bərk

silencioso / ruidoso

varlı / kasıb

rico / pobre

düzgün / səhv

correcto / incorrecto

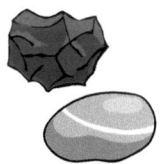

kobud / hamar

áspero / suave

kədərli / xoşbəxt

triste / contento

qısa / uzun

corto / largo

yavaş / sürətli

lento / rápido

yaş / quru

mojado / seco

isti / sərin

caliente / frío

müharibə / sülh

guerra / paz

0

sıfır

cero

1

bir

uno

2

iki

dos

3

üç

tres

4

dörd

cuatro

5

beş

cinco

6

altı

seis

7

yeddi

siete

8

səkkiz

ocho

9

doqquz

nueve

10

on

diez

11

on bir

once

12

on iki

doce

13

on uç

trece

14

on dörd

catorce

15

on beş

quince

16

on altı

dieciséis

17

on yeddi

diecisiete

18

on səkkiz

dieciocho

19

on doqquz

diecinueve

20

iyirmi

veinte

100

yüz

cien

1.000

min

mil

1.000.000

milyon

millón

İngilis dili

inglés

İngilis dilinin amerikan
variantı

inglés americano

Çin dilinin Mandarin dialekti

chino mandarín

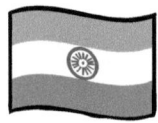

Hind dili

hindi

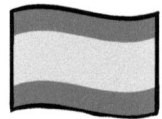

İspan dili

español

Fransız dili

francés

Ərəb dili

árabe

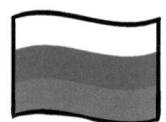

Rus dili

ruso

Portuqal dili

portugués

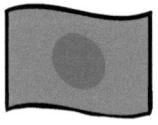

Benqal dili

bengalí

Alman dili

alemán

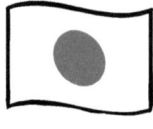

Yapon dili

japonés

mən

yo

sən

vos

o / o / o

él / ella

biz

nosotros

siz

ustedes

onlar

ellos

kim?

¿quién?

nə?

¿qué?

necə?

¿cómo?

harada?

¿dónde?

nə zaman?

¿cuándo?

ad

nombre

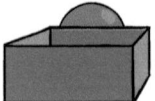

arxadan

detrás

içində

en

qarşısında

adelante de

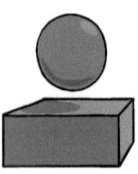

üzərində

por encima de

dair

sobre

altında

debajo de

yanaşı

al lado de

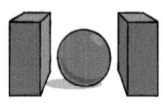

arasında

entre

yer

lugar